AUX

COLLÉGES ÉLECTORAUX,

SUR L'ASSEMBLÉE

DU CHAMP-DE-MAI;

PAR M. V....,

HEMBRE D'UN COLLÉGE ÉLECTORAL.

PARIS,

Chez DELAUNAY, LIBRAIRE, AU PALAIS-ROYAL.

MARS 1815.

AUX
COLLÉGES ÉLECTORAUX,

SUR

L'ASSEMBLEE DU CHAMP-DE-MAI.

———

L'Assemblée du Champ-de-Mai sera mise au nombre des événemens politiques les plus mémorables dont l'histoire des nations ait consacré le souvenir. Un peuple, tenant le premier rang entre les peuples de l'Europe; qui, depuis plus de vingt ans, marche, à travers mille écueils, à la conquête de sa liberté, convoqué, dans la personne de ses représentans immédiats, pour recevoir, dans la promulgation de ses droits, le prix de tant de sacrifices, donne sans doute au monde le spectacle le plus imposant qui puisse lui être offert.

Grâces soient rendues à celui qui a conçu un dessein à la fois si noble et si généreux ! Investi de tout le pouvoir, autant par la puissance de son génie que par la force des circonstances, mais dédaignant le triste et dangereux avantage d'en faire usage pour l'asservissement de son pays, il consent à le reporter à sa source, pour n'en réserver que la part nécessaire à l'accom-

plissement des devoirs de la magistrature su-
prême.

Quand on songe de quelle influence les actes de cette diète solennelle peuvent être, non seulement sur la destinée du peuple français, mais encore sur celle de tous les peuples de l'Europe, quels vœux ne doivent pas former tous les bons citoyens pour qu'elle se montre digne d'une si auguste mission ? C'est à elle qu'il est réservé de rendre l'homme à toute la dignité de son être, unique but de toute institution libérale.

Fut-il jamais moment plus favorable à la réa-
lisation de cet espoir ? Toutes ces exagérations qui ont usurpé le nom de liberté, mais qui n'é-
taient que la licence; toutes ces abstractions qui tendent à une perfection idéale, sans vouloir écouter les conseils de la raison et de l'expé-
rience, sont devenues le domaine exclusif de quelques hommes qui voudraient donner de la réalité à des rêves; mais l'opinion publique, celle qui régit le monde, et qui, à juste titre, en est nommée la reine, cette opinion-là se com-
pose d'idées saines et raisonnables, et il n'est besoin que d'en régler l'usage.

On affecte de répéter qu'il n'y a pas d'opi-
nion publique en France, et on en donne pour preuve la versatilité que la nation a montrée

dans les différentes phases de sa révolution, et particulièrement en dernier lieu. Ce reproche est fondé, si l'on prend pour la nation cette classe d'hommes titrés, salariés et en place, qui se trouvent toujours en évidence, qui assiégent et obstruent toutes les avenues du pouvoir, et chez qui le désir de conserver leur rang, leur fortune et leurs prérogatives, prédomine au point d'éteindre en eux tout esprit de patriotisme et tout sentiment de bien public. Mais ces hommes se trouvent dans la nation sans en faire partie, et il ne faut pas chercher dans leur conduite le thermomètre de l'opinion, quoiqu'ils se montrent toujours prêts à s'en rendre les organes par les sermens, les adresses, les discours et autres actes de circonstance de même nature. Il faut donc chercher l'opinion à l'armée, dans les rangs; hors de l'armée, dans la masse du peuple; et l'on verra si cette opinion-là s'est démentie, et si elle n'a pas toujours suivi cette direction sans jamais prendre le change.

Plus nous nous éloignons des premiers momens de la révolution, mieux nous en apprécions les causes et les effets. Au lieu de passer le temps à nous accuser réciproquement des désastres qu'elle a entraînés, nous sentons aujourd'hui la nécessité de nous réunir pour y mettre un terme et la faire tourner au profit de l'humanité. Nous avons observé que dans l'ordre moral comme dans l'ordre physique, rien de ce qui est ne ressemble à ce qui a été ; que chaque instant est marqué par une modification nouvelle, et que cette suite de modifications amène des révolutions qui, elles-mêmes, ne sont que de nouvelles combinaisons de la matière et de la pensée ; que tout ce qui existe est entraîné par ce mouvement perpétuel de toute chose, et que s'il pouvait être un instant interrompu, le monde, privé de vie, finirait ; que lorsque tout autour de l'homme et dans l'homme se meut, change de face et affecte des formes toujours nouvelles, lorsque ses actions et ses opinions doivent nécessairement porter l'empreinte de cette mobilité, lorsque sa pensée est sans cesse subordonnée à la marche et aux progrès des lumières de son siècle, qui suit la marche et les progrès du temps, il est par trop déraisonnable de nous croire les auteurs d'un mouvement à l'impulsion duquel nous ne faisons qu'obéir. Cette digression n'est pas inutile : elle peut servir à rallier les esprits à cette idée, que la révolution étant le fait du temps et non celui des hommes, il leur convient d'ajourner toute discussion et de s'entendre pour en tirer avantage. Ainsi la nation se trouve, par l'état de ses mœurs et de ses habitudes, par la disposition des esprits , par le fruit des essais et des épreuves qu'elle vient de faire, par la pente de ses idées vers tout ce qui est utile, et surtout par cet heureux nivellement des conditions qui confond la généralité des citoyens dans une masse homogène, prête à prendre toutes les formes qu'on voudra lui donner, dans la disposition la plus favorable pour recevoir une constitution libérale.

Dans ces temps modernes, toutes les fois qu'il est question de gouvernement, on croit n'avoir rien de mieux à faire que de s'en référer à la constitution anglaise, comme si elle renfermait la solution de tous les problèmes politiques. Mais indépendamment des raisons pour lesquelles ce régime n'est point assorti à notre position, on ne veut pas s'apercevoir qu'il est bien éloigné de sa première origine ; qu'il est dégénéré en une aristocratie pure qui laisse le gouvernement sans pouvoir et le peuple sans influence, en sorte que l'on peut prédire que ce gouvernement est à la veille d'éprouver une secousse qui amènera une révolution complète, ou du moins d'importantes modifications; car dans ce pays-là, les matières politiques sont trop familières à la classe du peuple, pour croire qu'il puisse endurer long-temps la nullité du rôle auquel il est réduit. Mais si la

constitution anglaise ne peut pas être prise
pour modèle, on peut cependant mettre à profit les leçons qu'elle donne : la première et la
plus importante est celle-ci, que les grands
propriétaires tendant toujours, par une pente
naturelle, à un pouvoir aristocratique qui s'é-
loigne de la cause du peuple, il faut se garder
de favoriser cette tendance en en faisant une
classe particulière, et en ajoutant à la puissance
des richesses, la magie des distinctions et des
dignités. D'ailleurs ne voit-on pas que depuis la
fondation de la constitution anglaise, la pensée
a fait des conquêtes, et que ces acquisitions doivent être mises à profit ? D'où il faut conclure
que notre position ne peut être comparée qu'à
elle-même, et que le législateur doit la prendre
pour unique point de départ.

L'œuvre d'une constitution est de si haute
importance que, pour être dignement accom-
plie, il faudrait pouvoir en confier le soin à
des hommes étrangers au gouvernement, qui
puissent apporter dans la conception et la ré-
daction de ce travail cette disposition d'esprit
qui prend le bien public pour unique point de
mire. La vie des hommes en place est une conti-
nuelle distraction. Les soins auxquels ils sont
obligés de se livrer, pour se maintenir en faveur
et en crédit, ne leur laissent ni assez de liberté

d'esprit ni assez de temps pour un travail qui exige de profondes méditations : d'ailleurs ils sont toujours disposés à mettre du *moi* dans leurs actes. La nation se rappellera long-temps, avec une sorte d'indignation, que le premier corps de l'Etat, dans des circonstances difficiles, qui exigeaient une abnégation entière, a proposé une constitution dans laquelle il poussait jusqu'à l'indécence l'oubli de toute chose, pour ne s'occuper qu'à assurer la condition de ses membres : comme si le sort de l'Etat eût été attaché à d'aussi frèles et d'aussi chétives existences.

Il ne peut plus y avoir ni hésitation ni tâtonnement sur la nature de l'institution. Il faut nécessairement suivre le cours et la pente des idées pour ne pas être entraîné par elles avec violence : car lorsque l'opinion s'avance et que l'impulsion est donnée, les tentatives, pour la rendre stationnaire, ou la faire rétrograder, ne servent qu'à accélérer le mouvement. Puisqu'il est reconnu qu'un peuple ne peut être le patrimoine d'une famille, ni être transmis à titre d'héritage, mais qu'il reste toujours le maître de se constituer pour le plus grand avantage de tous, les premières conséquences de ce principe seront : *l'égalité en droits, la liberté individuelle, l'indépendance du pouvoir judiciaire, l'institution du jury, la responsabilité des ministres, la liberté de la presse, la liberté des cultes et l'abolition de la traite.* Ces points de droit public, qui formaient autrefois la science des publicistes et qui vont devenir le cathéchisme des peuples, ne peuvent plus être remis en discussion et sont irrévocablement placés sous la sauve-garde de l'opinion.

Une constitution qui repose sur de pareilles bases est essentiellement républicaine, non dans le sens qu'on attache vulgairement à ce mot, qui, dans l'esprit de bien des gens, est devenu le synonyme de *démocratie* et de *démagogie*, mais dans ce sens qu'il embrasse et garantit les intérêts de tous et de chacun en particulier, sans acception de personne, ce qui nous ramène aux actes constitutifs du 28 floréal an 12. Il ne serait pas difficile d'établir, que plus nous nous sommes éloignés de l'esprit de ces actes, moins l'action du Gouvernement a été soutenue par le vœu et l'assentiment de la nation, sans lesquels un État peut avoir un instant d'éclat et de grandeur, mais ne saurait jamais acquérir une véritable consistance ni une force durable, au moins dans l'état actuel de l'opinion.

Le titre seul de République donnait à la France une physionomie particulière, qui lui assurait une sorte de supériorité sur les autres puissances. Un gouvernement représentatif faisait croire à une opinion nationale ; et l'opinion nationale de vingt-cinq millions d'hommes est un terrible levier en politique , et a une grande supériorité sur les ressorts usés des gouvernemens monarchiques actuellement existans : le chef de l'Etat tirait de là une force d'exécution à laquelle le premier despote de la terre ne pourrait prétendre. Le jour où ce titre, sans être aboli, est tombé en désuétude, pour faire place à d'autres dénominations, le charme a été détruit ; des corps intermédiaires se sont placés entre les citoyens et le souverain; la cause du Gouvernement a cessé d'être nationale, son action s'est affaiblie par l'extinction de l'esprit public; et la nation n'a été préservée d'une entière décadence, que par les efforts surhumains du génie de son chef. Et à quoi n'at-il pas fallu recourir dans l'objet de remplacer l'opinion? Il a fallu violer le dogme sacré de *l'égalité des conditions*, créer des distinctions, marquer de nouveau les rangs, instituer à grands frais des familles, et se traîner ainsi sur la politique ordinaire des cours. Mais jamais la maxime, que la noblesse et les grands sont le soutien et l'appui des trônes, ne fut plus solennellement démentie que dans les dernières scènes

politiques qui viennent d'avoir lieu. Quels se-
cours a tirés Bonaparte des anciennes familles
dont il a réveillé les prétentions et des familles
nouvelles qu'il a créées? Dans la prospérité, il
n'en a obtenu qu'une basse condescendance;
dans sa mauvaise fortune, lorsque l'homme est
resté seul avec son génie, elles sont tombées
dans une lâche défection, ou bien elles se sont
renfermées dans une timide neutralité : tant il
est vrai que le plus grand inconvénient des lar-
gesses que fait un souverain est moins d'épui-
ser les ressources de l'État pour enrichir quelques particuliers aux dépens de tous, que d'é-
teindre en eux tout esprit de patriotisme et d'en
faire des ingrats. Quels sont ceux qui lui sont
restés fidèles, non à sa personne (car ce n'est
pas sur les Séïdes qu'un homme d'État doit
compter, puisque le nombre en est toujours
très-petit), mais au système politique auquel
son nom se rattache? Ceux qui ne tiennent
rien de lui, ceux qui n'en attendent rien, plu-
sieurs même qui croient avoir à s'en plaindre,
mais qui tous, aimant leur pays, se plaisent à
voir dans sa personne celui qui, par la force
irrésistible de son génie, peut soutenir l'hon-
neur et la dignité de la nation, et fixer enfin
sa destinée. Puisqu'il n'y a rien de commun
entre le bonheur public et ces familles parasites,

qui attirent tout à elles, et dont l'existence n'est nullement en harmonie avec l'intérêt de la grande famille, qu'elles soient à jamais fondues dans la masse des citoyens, et que les distinctions s'éteignent avec le mérite personnel dont elles doivent être la récompense.

Il n'est pas aussi facile de tomber d'accord sur le mode de représentation nationale, que sur les principes élémentaires d'une constitution; et c'est cependant de là que dépendent le succès et la durée d'une institution : car en vain proclamerait-on des principes, si l'on n'adoptait pas les moyens d'en assurer la conservation. Si les nations pouvaient se promettre de trouver toujours dans leurs chefs des hommes doués tout à la fois de modération et de force, la forme de leur gouvernement leur importerait peu, puisque leurs droits seraient garantis et leur puissance assurée; mais comme ce phénomène se renouvelle rarement, elles sont obligées de chercher dans une bonne constitution un abri contre les entreprises de leurs chefs, et un remède contre leur faiblesse et leur incapacité.

Quelque malheureuses qu'aient été les tentatives faites jusqu'à ce jour pour assujettir la représentation nationale à une organisation solide et durable, il ne faut cependant pas en désespérer.

Il n'est que trop vrai que l'écueil de tout Gouvernement représentatif est dans la difficulté de mettre en équilibre des pouvoirs opposés ; mais comme tout l'artifice de l'édifice social consiste en cela, il ne faut pas craindre de multiplier les épreuves. Le mode d'élection paraît être susceptible d'importantes améliorations, ainsi que les conditions d'éligibilité : toutes les précautions doivent être multipliées, pour que les colléges électoraux soient réellement l'élite de la nation, car ce n'est qu'alors qu'ils peuvent lui assurer de bons choix.

Les députés choisis par les électeurs dans leurs départemens respectifs, après l'adoption de l'acte constitutionnel, pour composer, à quelque titre et sous quelque dénomination que ce puisse être, le corps représentatif de la nation, se formeraient en assemblée générale à leur arrivée à Paris. Le premier acte de cette assemblée serait de se diviser par la voie du scrutin en deux chambres d'un nombre égal de membres, dont l'une aurait sur l'autre la suprématie qui avait été donnée au Conseil des Anciens sur celui des Cinq-Cents, avec cette différence que la source et l'origine de ces deux chambres étant les mêmes, elles auraient aussi les mêmes intérêts et les mêmes vues, et ne différeraient que sur la nature de leur intervention. Aucune des deux ne prétendrait à l'inamovibilité, et toutes deux auraient la même durée et se renouvelleraient à la même époque.

Mais quelque mode qu'on puisse adopter, si les députés ne sont pas dans une entière indépendance de l'autorité exécutive, s'il est permis à celle-ci de donner et à ceux-là de recevoir des places, des rangs et des distinctions, soit pendant la cession, soit immédiatement après; si on leur attribue un traitement, et si ce traitement est puisé dans les caisses du Gouvernement; si toutes ces chances sont ajoutées au séjour de Paris, funeste à toutes les intentions patriotiques; il ne faut rien en attendre de bon, et il faut se résigner à assister encore une fois à l'avilissement de la dignité nationale.

Mais ceux qui aiment leur pays, ceux qui ne forment d'autres vœux que de voir enfin le peuple Français se constituer en corps de nation, mettent tout leur espoir dans Napoléon. Ils savent qu'ils ne peuvent tenir que de lui le bienfait d'une institution libérale, puisque le peuple est hors d'état de se la donner par lui-même, et encore moins en état de la suivre après l'avoir reçue, s'il manque de guide, de soutien et de régulateur. Après avoir usé de tous les genres de gloire, celle des Lycurgue et des Solon n'est pas à dédaigner pour un grand homme, et il est beau d'arriver aussi par là à la postérité. La force seule peut conférer le pouvoir; mais pour que son empire soit durable, il a besoin d'être légitimé par l'amour et le bonheur du peuple. Le spectacle de notre bonheur intérieur doit être aujourd'hui la seule arme à opposer à nos ennemis; car, l'emploi de la force appelant la résistance, l'état de guerre met en question l'existence du vainqueur comme celle du vaincu, et ne peut conduire à aucune stabilité.

Vous qui devez vous enorgueillir de former l'élite de la Nation, songez aux obligations qu'un si beau titre vous impose. Dans le choix que vous avez à faire ne sacrifiez qu'à l'amour de votre pays, songez que les destinées de la France sont dans vos mains, qu'il n'y a de salut pour elle que dans la réunion de toutes les volontés et de tous les talens, et que ce moment peut être le seul où la Nation puisse sortir triomphante et glorieuse de la terrible lutte où elle est engagée.

DE L'IMPRIMERIE D'ADRIEN EGRON,
rue des Noyers, n° 37.